Sayings from the UPANISHADS

Published by:

NIYOGI BOOKS

D-78, Okhla Industrial Area, Phase-I
New Delhi-110 020, INDIA
Tel: 91-11-26816301, 49327000
Fax: 91-11-26810483, 26813830
email: niyogibooks@gmail.com
website: www.niyogibooks.com

ISBN: 978-81-89738-28-0

Publication: 2007
First Impression: 2009
Second Impression: 2012

Printed at: Niyogi Offset Pvt. Ltd., New Delhi, India

Sayings from the
UPANISHADS

Compiled by
ASHOK DILWALI

NIYOGI
BOOKS

Preface

What is an Upanishad? Literally this Sanskrit word suggests 'Sitting down under': that is, at the feet of an illumined teacher. The Upanishads are teachings received in this manner. The Upanishads are also referred to as 'Vedanta'. The word, 'Vedanta' literally means, the end of knowledge. The Vedas are the scriptures of the Hindus. The teachers who threw light on the Upanishads were often teachers who had retired from life and lived in *ashramas* along with their students. They lived as a family. The purpose of the Upanishads is more inspiration rather than instruction. Nobody knows who composed them and when. The sages-composers did not indicate their separate identities as they believed truth is a universal phenomenon and, therefore, eternal.

Traditionally, the Upanishads were kept secret and hidden, monopolized by a few learned ones. But in times to come with the spirit of inquiry pervading all spheres, research began on their meaning and message.

The Vedas are divided mainly into two portions: the *karma kand* and the *gyana kand.* The former refers to the work and rituals while the latter relates to the knowledge of the Vedas. The Upanishads are the latter portions of the Vedas concerned mainly with the spiritual aspects.They are the philosophical treatises running through the Vedas. The *Bhagavad Gita* is also considered by scholars as the Upanishad of the epic Mahabharata.

The Upanishads lay stress on one point: The reality of God must not be sought as something separate from us, but rather as the very innnermost part of our being, as the higher self in us. This is Brahman or Self or Atman described as something permanent within us all.

The word 'Brahman' is not very common, but the word 'God' is. In the Upanishads Brahman is said to be, first of all, the source of all creation. Secondly, Brahman is also indicated in this way: 'That which is not perceived by the eyes as an object, as a colour, or a form, but because of which the eyes are able to see.' That is Brahman, which we call God. That which is not thought of by the mind, but because of which the mind is able to think—that is Brahman. That is our own Self. That because of which there is life in the body is called Brahman, the Self. Its existence cannot be denied by anyone. Therefore, Brahman is said to be the origin of all creation and is seated in the hearts of all beings as consciousness. It is nameless, it is formless. To know that this consciousness in Me is the highest achievement that a human being can attain, there is nothing greater than this and thus our entire vision of the world changes.

All the efforts in spiritual practices, all rituals, temples, idols of gods, and various religious symbols are meant only to lead the invidual *(jiva)* to this final realization.

Their main message is that the spirit can only be known through the union with Him and not through learning. The spirit of the Upanishads is the spirit of the Universe. Brahman, Soul *(Atman)* or God himself is their underlying spirit.

From a spiritual point of view what matters is immortality, which does not mean a long life or life after death. Immortality is Atman, the Soul or the Spirit of Eternity within our mortal body. Only in God there is Immortality.

The Upanishads are said to be divine revelations received by seers and saints. They shaped Hinduism but also influenced the thought of several other spiritual leanings. According to Valerie Roebuck, 'Probably at least half the people in the world have been affected in some way or the other by the ideas of the Upanishads.'

The knowledge that is contained in the Upanishads is not aimed at material gains or even intellectual satisfaction but at enabling one to become free of worldly sufferings and limitations: to attain fearlessness, and to dig up the supreme treasures of the mind. The Upanishads attempt the emancipation of the individual soul from the bondage of ignorance. Their attempt is to help us gain true knowledge leading to infinite joy. Purification of the mind and body by clean and light food, self-control, detachment, active practice of all virtues and meditation on the Supreme Being during life and death—this is the path that the Upanishads propose to the seeker of truth.

Our ancestors, the Aryans had established a very mystical but definite relationship between the worshipper and the environment. They worshipped natural forces and the elemental powers of life: sun and wind, storm and rain, dawn and dusk and earth and heaven. Their proximity to Nature is evident and it is in Nature one feels the eternal silence and in that eternal silence we feel the Divine presence. It is my personal opinion that such elements of Nature which have been shown must have influenced the minds of the sages who have given shape to their concepts and ideas.

—Ashok Dilwali

Words of Wisdom

ततः परं ब्रह्मपरं बृहन्तं यथानिकायं सर्वभूतेषु गूढम्।
विश्वस्य एकं परिवेष्टितारमीशं तं ज्ञात्वा अमृता भवन्ति ॥ 7 ॥

You are the Supreme Brahman, infinite, yet hidden in the hearts of all creatures. You pervade everything. They, who know You, are free from the cycle of birth, death and rebirth. *(Svetasvatara 3 : 7)*

परमात्मा सब प्रकार से सब काल में मुक्त और शुद्ध है। वह अपरिमित और अनन्त होते हुए भी सभी प्राणियों के हृदय में छिपा हुआ है। परमात्मा को जानने वाले व्यक्ति ही जन्म-मरण के चक्र से मुक्त हो जाते हैं।

यस्यामतं तस्य मतं मतं यस्य न वेद सः।
अविज्ञातं विजानतां विज्ञातमविजानताम् ॥ 3 ॥

The ignorant think the Self can be known by the intellect, but the illumined know the Self is beyond the duality of the knower and the known. *(Kena Up. 2 : 3)*

अज्ञानी व सात्विक बुद्धि से हीन व्यक्ति समझते और सोचते हैं कि ब्रह्म को तर्कबुद्धि से जाना जा सकता है लेकिन देदीप्यमान प्रबुद्ध पुरुष इस रहस्य को समझते हैं कि वह ब्रह्म ज्ञाता और ज्ञेय के द्वैत और द्विविधा से ऊपर है।

यदा पञ्चावतिष्ठन्ते ज्ञानानि मनसा सह।
बुद्धिश्च न विचेष्टति तामाहुः परमां गतिम् ॥ 10 ॥

तां योगमिति मन्यते स्थिरामिन्द्रियधारणाम्।
अप्रमत्तस्तदा भवति योगो हि प्रभवाप्ययौ ॥ 11 ॥

When all the senses are stilled, when the mind is at rest, when the intellect wavers not—then, say the wise, is reached the highest state. The calm of the senses and the mind has been defined as yoga. He, who attains it, is freed from delusion. *(Katha 2:6.10-11)*

जब मनुष्य की सभी इच्छाएं शान्त और बुद्धि उपद्रव से रहित होती है तभी योग की उच्चतर स्थिति प्राप्त करने का पथ प्रशस्त होता है। योगसिद्धि होने पर दुष्ट संस्कारों का विनाश तथा शुद्ध कल्याणकारी संस्कारों का जन्म होता है।

प्लवा ह्येते अदृढा यज्ञरूपा अष्टादशोक्तमवरं येषु कर्म।
एतच्छ्रेयो येऽभिनन्दन्ति मूढा जरामृत्युं ते पुनरेवापियन्ति ॥ 7 ॥

Finite and transient are the fruits and sacrificial rites. The deluded, who regard them as the highest good, remain subject to birth and death. *(Mundaka 1:2.7)*

कर्मकाण्ड और यज्ञ आदि का फल सीमित तथा सामयिक, क्षणभंगुर होता है। जो कर्मकाण्ड व पूजा-पाठ को संसारी कामनायुक्त फल से भरपूर होकर कल्याणमार्ग मानते हैं वे भूले-भटके अन्धविश्वासी हैं।

अविद्यायामन्तरे वर्तमानाः स्वयंधीराः पण्डितंमन्यमानाः ।
जङ्घन्यमानाः परियन्ति मूढा अन्धेनैव नीयमाना यथान्धाः ॥ 8 ॥

Fools dwelling in darkness, but thinking themselves wise and erudite, go round and round by various fortuitous paths, like the blind led by the blind. *(Katha Up. 2 : 5)*

अंधेरे में रहकर स्वयं को ज्ञानी व बुद्धिमान समझने वाले मूर्ख व्यक्ति गोल-गोल घेरे में घूमते रहते हैं और कष्ट उठाते रहते हैं। उनकी स्थिति कुछ इस प्रकार की होती है जैसे कि कोई अन्धा अन्धे को राह दिखा रहा हो।

अविद्यायां बहुधा वर्तमाना वयं कृतार्था
इत्यभिमन्यन्ति बालाः।
यत्कर्मिणो न प्रवेदयन्ति रागात्
तेनातुराः क्षीणलोकाश्च्यवन्ते॥ 9 ॥

Living in the abyss of ignorance, the deluded think themselves blessed. Attached to works, they know not God. Works leads them only to heaven, whence, to their sorrow, their rewards quickly exhausted, they are flung back to earth. *(Mundaka 1:2.9)*

निर्बुद्धि मूर्खजन स्वयं को सर्वोपरि पण्डित मानते हैं तथा अनुष्ठानों के बाहरी रूप को ही महत्त्व देकर, मर्म से दूर रहकर ईश्वर से अनभिज्ञ हैं। कर्मकाण्ड उन्हें केवल स्वर्ग तक ले जाता है, परन्तु जब उनके कार्यों का फल समाप्त हो जाता है, वे वापस पृथ्वी पर फेंक दिए जाते हैं।

इष्टापूर्तं मन्यमाना वरिष्टं नान्यच्छ्रेयो वेदयन्ते प्रमूढाः।
नाकस्य पृष्ठे ते सुकृतेऽनुभूत्वेमं
लोकं हीनतरं वा विशन्ति ॥ 10 ॥

Considering religion to be observance of rituals and performance of acts of charity, the deluded remain ignorant of the highest good. Having enjoyed in heaven the reward of their good works, they enter again into the world of mortals. *(Mundaka 1:2.10)*

जन-आरती व अनुष्ठान को ही धर्म का पूर्णरूप समझने वाले व्यक्ति अन्तिम फल से अनभिज्ञ रहते हैं और अपने अच्छे कार्यों का फल स्वर्ग में भोगने के पश्चात् इस नश्वर विश्व में वापस आ जाते हैं।

तपःश्रद्धे ये ह्युपवसन्त्यरण्ये शान्ता विद्वांसो भैक्षचर्यां चरन्तः।
सूर्यद्वारेण ते विरजाः प्रयान्ति यत्रामृतः
स पुरुषो ह्यव्ययात्मा ॥ 11 ॥

But the wise, self controlled, and tranquil, who are contented in spirit, and who practise austerity and meditation in solitide and silence are freed from all impurity, and attain by the path of liberation, the immortal, the truly existing, the changeless Self. *(Mundaka 1:2.11)*

स्वयं को नियंत्रण में रखने वाले तथा सन्तुष्ट, योग व शान्त जीवन व्यतीत करने वाले व्यक्ति सभी अशुद्धियों से मुक्त हो अमर हो जाते हैं और ब्रह्म को प्राप्त होते हैं।

यच्छेद्वाङ्म्नसी प्राज्ञस्तद्यच्छेज्ज्ञान आत्मनि।
ज्ञानमात्मनि महति नियच्छेत् तद्यच्छेच्छान्त आत्मनि ॥ 13 ॥

The wise man should surrender his words to his mind; and this he should surrender to the Knowing Self; and the Knowing Self he should surrender to the Great Self; and that he should surrender to the Peaceful Self. *(Katha Up. 3 : 13)*

ज्ञान में तत्पर बुद्धिमान पुरुष को उचित है कि अपनी सभी इन्द्रियों को मन के अधीन और मन को बुद्धि के नियन्त्रण में रखे—बुद्धि को महान् आत्मा में और आत्मा को शान्त रूप परमात्मा में लगाए।

अरा इव रथनाभौ संहता यत्र नाड्यः
स एषोऽन्तश्चरते बहुधा जायमानः।
ॐ इत्येवं ध्यायथ आत्मानं
स्वस्ति वः पाराय तमसः परस्तात् ॥ 6 ॥

Within the lotus of the heart He dwells, where the nerves meet like the spokes of a wheel at its hub. Meditate on Him as 'Om'. Easily may you cross the sea of darkness. *(Mundaka Up. 2 : 2.6)*

सबका ज्ञाता परमेश्वर हृदय में वास करता है—वह पहिए की एक धुरि के समान है। 'ओ३म्' के नाम से उसकी उपासना करने व आत्मा का ज्ञान प्राप्त करने से अज्ञान और अन्धकार रूपी समुद्र को पार करना अत्यन्त सरल हो जाता है।

संकल्पनस्पर्शनदृष्टिहोमैर्ग्रासाम्बुवृष्ट्यात्मविवृद्धिजन्म ।
कर्मानुगान्यनुक्रमेण देही स्थानेषु रूपाण्यभिसंप्रपद्यते ॥ 11 ॥

By the delusions of imagination, touch and sight, and by eating, drinking and impregnation there is a birth and development of the self. According to his deeds (Karma) the embodied one successively assumes forms in various conditions. *(Svetasvara Up. 5 : 11)*

जीवात्मा अपने विभिन्न कर्मों—छूने, देखने, आचार-व्यवहार, सोच-विचार, खाने-पीने, भोग आदि के आधार पर ही जन्म ग्रहण करता है।

स्थूलानि सूक्ष्माणि बहूनि चैव रूपाणि देही स्वगुणैर्वृणोति।
क्रियागुणैरात्मगुणैश्च तेषां संयोगहेतुरपरोऽपि दृष्टः ॥ 12 ॥

Coarse and fine, many in number, the embodied one chooses forms according to his own qualities. Each subsequent cause of his union with them is seen to be because of the quality of his acts and of himself. *(Svetasvara Up. 5 : 11-12)*

गुण, अवगुण व स्वभाव के आधार पर ही मनुष्य को योनि प्राप्त होती है। उसे प्राप्त योनि को उसके कार्यों व कृत्यों के आधार पर ही देखा जाना चाहिए।

यस्तु सर्वाणि भूतान्यात्मन्नेवानुपश्यति।
सर्वभूतेषु चात्मानं ततो न विजुगुप्सते ॥ 6 ॥
यस्मिन्त्सर्वाणि भूतान्यात्मैवाभूद्विजानतः।
तत्र को मोहः कः शोक एकत्वमनुपश्यतः ॥ 7 ॥

Those who see all creatures within themselves and themselves in all creatures know no fear. Those who see all creatures in themselves and themselves in all creatures know no grief. How can the multiplicity of life delude the one who sees its unity. *(Isha Up. 6-7)*

जो मनुष्य सर्वत्र समदृष्टि रखता है, सभी प्राणियों को आत्मा में अनुभव करता है—ऐसे एकत्व अनुभव करने वाले आत्मस्वरूपी को कोई भयभीत नहीं कर सकता। ऐसे मनुष्य को कौनसा मोह भ्रम में डालेगा और कौनसा शोक भला दुःख उत्पन्न करने में समर्थ होगा!

स य एषोऽणिमैतदात्म्यमिदँ सर्वम् । तत्सत्यम् ।
स आत्मा । तत्त्वमसि श्वेतकेतो इति ।
भूय एव मा भगवान्विज्ञापयत्विति ।
तथा सोम्येति होवाच ॥ 7 ॥

That which is the finest essence—this whole world has that as its Self. That is reality. That is the Self. That art thou. *(Chandogy Up. 6 : 8.7)*

दुनिया की सर्वोत्तम सुगन्ध और सृष्टि का सारांश तो यही है कि सारा संसार आत्मवत् है—यही प्रभुदर्शन का सोपान है।

यथा नद्यः स्यन्दमानाः समुद्रे अस्तं गच्छन्ति नामरूपे विहाय।
तथा विद्वान्नामरूपाद्विमुक्तः परात्परं पुरुषमुपैति दिव्यम् ॥ 8 ॥
स यो ह वै तत्परं ब्रह्म वेद ब्रह्मैव भवति। नास्याब्रह्मवित्कुले भवति।
तरति शोकं तरति पाप्मानं गुहाग्रन्थिभ्यो विमुक्तोऽमृतो भवति ॥ 9 ॥

As rivers flow into the sea and in so doing lose name and form, so even the wise man, freed from name and form, attains the Supreme Being, the Self-luminous, the Infinite. He who knows Brahman becomes Brahman. *(Mundaka Up. 3 : 2. 8-9)*

जैसे समुद्र में पहुँची हुई नदियों को अलग-अलग नाम और रूप से नहीं जाना जाता वैसे ही बुद्धिमान व्यक्ति को नाम व स्वरूप से नहीं पहचाना जा सकता है। इसी प्रकार सबके स्वामी ब्रह्म को प्राप्त कर जीवात्मा का नाम व रूप नहीं रह जाता। उसकी सत्ता में शंका न करने वाला कोई भी ज्ञानी साक्षात् ब्रह्मज्ञानी होता है।

ज्ञात्वा देवं सर्वपाशापहानिः क्षीणैः क्लेशैर्जन्ममृत्युप्रहाणिः ।
तस्याभिध्यानात्तृतीयं देहभेदे विश्वैश्वर्यं केवल आप्तकामः ॥ 11 ॥
एतज्ज्ञेयं नित्यमेवात्मसंस्थं नातः परं वेदितव्यं हि किंचित् ।
भोक्ता भोग्यं प्रेरितारं च मत्वा सर्वं प्रोक्तं त्रिविधं ब्रह्ममेतत् ॥ 12 ॥

Meditate upon Him and transcend physical consciousness. Thus will you reach union with the Lord of the Universe. You will become identified with Him who is one without a second. The truth is that you are always united with the Lord. But you must know this. *(Svetasvetara Up. 1 : 11-12)*

ईश्वर में ध्यान लगाएं तथा भौतिक सुविधाओं से स्वयं को निकालें। इस प्रकार आप सृष्टि के रचयिता को प्राप्त कर पाएंगे। ईश्वर को बाहर खोजने वाले लोग भ्रमित हैं। आप उस ईश्वर से एकीकार हो जाएंगे, जिसका कोई सानी नहीं है। ईश्वर में मन लगाएं, आपकी सभी मनोकामनाएं पूरी हो जाएंगी। सच तो यह है कि ईश्वर सदैव आपके साथ है। आवश्यक यह है कि आप इस सत्य को पहचानें।

पुरुष एवेदं विश्वं कर्म तपो ब्रह्म परमामृतम्।
एतद्यो वेद निहितं गुहायां
सोऽविद्याग्रन्थिं विकिरतीह सोम्य ॥ 10 ॥

Brahman is all in all. He is action, knowledge, goodness supreme. To know Him, hidden in the lotus of the heart, is to untie the knot of ignorance. *(Mundaka Up. 2 : 1. 10)*

ईश्वर सबसे अधिक सामर्थ्यवान है, उसके तुल्य कोई हो ही नहीं सकता। उसको जानने के लिए अविद्या, अज्ञान की गांठ को काटकर अपने शुद्ध अन्तःकरण में ही ध्यान करना चाहिए।

न तत्र सूर्यो भाति न चन्द्रतारकं
नेमा विद्युतो भान्ति कुतोऽयमग्निः।
तमेव भान्तमनु भाति सर्वं
तस्य भासा सर्वमिदं विभाति ॥ 15 ॥

Him the sun does not illumine, nor the moon, nor the stars, nor the lightening—nor, verily fires kindled upon the earth. He is the one light that gives light to all. He shines; everything shines. *(Katha 5.15)*

संसार का रचयिता प्रभु प्रकाशस्वरूप है, उसके तेज के समक्ष सूर्य, चन्द्रमा, तारे तथा धरा पर देदीप्यमान अग्नि–सब फीके पड़ जाते हैं। वस्तुतः वही सबको प्रकाश देता है। उसी की चमक से सब चमकते हैं। दाता वही है।

अथ ये चास्येह जीवा ये च प्रेता यच्चान्यदिच्छन्न लभते सर्वं तदत्र गत्वा विन्दते। अत्र ह्यस्यैते सत्याः कामा अनृतापिधानाः। तद्यथापि हिरण्यनिधिं निहितमक्षेत्रज्ञा उपर्युपरि संचरन्तो न विन्देयुः। एवमेवेमाः सर्वाः प्रजा अहरहर्गच्छन्त्य एतं ब्रह्मलोकं न विन्दन्त्यनृतेन हि प्रत्यूढाः ॥

As one not knowing that a golden treasure lies buried beneath one's feet may walk over it again and again, yet never find it, so all beings live every moment in the city of Brahman, yet never find Him because of the veil of illusion by which He is concealed. *(Chhandogya. Up. 8 : 3.2)*

मनुष्य के पैर के नीचे ही सोने का खजाना दबा हो, बार-बार उस खजाने के ऊपर से ही आना-जाना हो—फिर भी जानकारी के अभाव में उस अनजान मनुष्य को सोना नहीं मिल सकता। उसी प्रकार हर पल हर प्राणी प्रभु की सृष्टि में और उसी की छाया में रहने के बाद भी मोह-माया के पर्दे के कारण उसे प्राप्त नहीं कर पाता।

सर्वाजीवे सर्वसंस्थे बृहन्ते अस्मिन्हंसो भ्राम्यते ब्रह्मचक्रे।
पृथगात्मानं प्रेरितारं च मत्वा जुष्टस्ततस्तेनामृतत्वमेति ॥ 6 ॥
उद्गीतमेतत्परमं तु ब्रह्म तस्मिंस्त्रयं सुप्रतिष्ठाक्षरं च।
अत्रान्तरं ब्रह्मविदो विदित्वा लीना ब्रह्मणि तत्परा योनिमुक्ताः ॥ 7 ॥

This vast universe is a wheel—the wheel of Brahman. Upon it are all creatures that are subject to death, birth and rebirth. Round and round it turns, and never stops. As long as the individual self thinks it is separate from the Lord, it revolves upon the wheel in bondage to laws of birth, death and rebirth. *(Svetasvatara Up. 1 : 6-7)*

यह वृहत् ब्रह्माण्ड विधाता का एक चक्र है, सभी जीव उसके अनुसार चलते रहते हैं। जब तक कोई व्यक्ति स्वयं को ईश्वर से अलग समझता रहता है वह चक्र के साथ बंधा और जीवन-मरण व पुनर्जन्म से मुक्ति नहीं पा सकता।

संयुक्तमेतत्क्षरमक्षरं च व्यक्ताव्यक्तं भरते विश्वमीशः।
अनीशश्चात्मा बध्यते भोक्तृभावाज्ज्ञात्वा देवं मुच्यते सर्वपाशैः ॥ 8 ॥

The Lord supports this universe, which is made up of the perishable and the imperishable, the manifest and the unmanifest. The individual soul, forgetful of the Lord, attaches itself to pleasure and thus is bound. *(Svetasvatara Up. 1 : 8)*

ईश्वर ब्रह्माण्ड का नियंत्रण करता है तथा ब्रह्माण्ड में अमर-नश्वर, प्रत्यक्ष-अप्रत्यक्ष सभी प्रकार के जीव हैं। मनुष्य ईश्वर को भुलाकर आनन्द के पीछे भाग लेता है और इसी प्रकार जीवन-मृत्यु चक्र से बंध जाता है।

मघवन्मर्त्यं वा इदँ शरीरमात्तं मृत्युना।
तदस्यामृतस्याशरीरस्यात्मनोऽधिष्ठानम्। आत्तो वै सशरीरः
प्रियाप्रियाभ्याम्। न वै सशरीरस्य सतः प्रियाप्रिययोरपहतिरस्ति।
अशरीरं वाव सन्तं न प्रियाप्रिये स्पृशतः ॥ 1 ॥

This body is mortal, always gripped by death, but within it dwells the immortal Self. This Self, when associated in our consciousness with the body, is subject to pleasure and pain; and so long as this association continues, freedom from pleasure and pain can no man find. *(Chandogya. Up. 8 : 12.1)*

यह शरीर तो निश्चय ही नश्वर है, हर वक्त मृत्यु की मुट्ठी में है। लेकिन इसी नश्वर देह में अमर-अविनाशी आत्मा का वास है। संसार और शरीर के सुख-दुःख की अनुभूति से जब तक आत्मा ऊपर न उठे तब तक मुक्ति सम्भव नहीं।

आविः संनिहितं गुहाचरन्नाम महत्पदमत्रैतत्समर्पितम्।
एजत्प्राणन्निमिषच्च यदेतज्जानाथ सदसद्वरेण्यम्।
परं विज्ञानाद्यद्वरिष्ठं प्रजानाम् ॥ 1 ॥

Bright but hidden, the Self dwells in the heart. Everything that moves, breathes, opens and closes lives in the Self. He is the source of love and may be known through love but not through thought. He is the goal of life. Attain this goal! *(Mundaka Up. 2 : 2. 1)*

आत्म तेज सहित, परन्तु छिपा हुआ, हृदय में वास करता है। हर वह चीज जो गतिमान है, सांस लेती है, खुलती-बंद होती है इस आत्म में ही रहती है। यह प्रेम का स्रोत है। प्रेम से ही जाना जाता है, नीरस दार्शनिक विचारों से नहीं। प्रेम प्राप्त करना ही मानव का लक्ष्य है। उसे प्राप्त करें।

यदर्चिमद्यदणुभ्योऽणु च यस्मिंल्लोका निहिता लोकिनश्च।
तदेतदक्षरं ब्रह्म स प्राणस्तदु वाङ्मनः।
तदेतत्सत्यं तदमृतं तद्वेद्धव्यं सोम्य विद्धि ॥ 2 ॥

The shining Self dwells hidden in the heart. Everything in the cosmos, great and small, lives in the Self. He is the source of life, truth beyond the transience of this world. He is the goal of life. Attain this goal. *(Mundaka Up. 2 : 2. 2)*

प्रकाशमान शक्ति हृदय में निवास करती है। छोटी व बड़ी सभी ब्रह्माण्ड की शक्तियाँ आनन्दमय ब्रह्म में बसती हैं। उसे प्राप्त करना ही लक्ष्य है।

अणोरणीयान्महतो महीयान् आत्मास्य जन्तोर्निहितो गुहायाम्।
तमक्रतुः पश्यति वीतशोको धातुप्रसादान्महिमानमात्मनः ॥ 20 ॥

Smaller than the smallest, greater than the greatest, this Self dwells forever within the hearts of all. When a man is free from desire, his mind and senses purified, he beholds the glory of the Self and is without sorrow. *(Katha Up. 2 : 20)*

परमेश्वर सूक्ष्म से भी सूक्ष्म और बड़े से भी बड़ा है–इसी कारण वह समता व वृद्धि से रहित है। जब मनुष्य वासना से रहित होता है तभी उसका मस्तिष्क निर्मल होता है–उसी दशा में ही जीवन आनन्दमय तथा दुःखरहित होता है।

आसीनो दूरं व्रजति शयानो याति सर्वतः।
कस्तं मदामदं देवं मदन्यो ज्ञातुमर्हति ॥ 21 ॥

Though seated, He travels far; though at rest, He moves all things. Who but the purest of the pure can realize this Effulgent Being, who is joy and who is beyond joy. *(Katha Up. 2 : 21)*

ठहरने पर भी वह बढ़ता रहता है, विश्राम के समय ब्रह्माण्ड को चलाता रहता है। केवल सत् पुरुषों में से श्रेष्ठ इस प्रकाशमान ज्योति को देख सकते हैं। वह आनन्द है, वह आनन्द से भी परे है।

अशरीरँ शरीरेषु अनवस्थेष्ववस्थितम् ।
महान्तं विभुमात्मानं मत्वा धीरो न शोचति ॥ 22 ॥

Formless He is, though inhabiting form.
In the midst of the fleeting He abides forever.
All pervading and supreme is the Self. The
wise man, knowing Him in His true nature,
transcends all grief. *(Katha Up. 2 : 22)*

ब्रह्म सर्वव्यापक होने से ज्ञानियों के लिए सुलभ, निराकार व न्यायकारी होने से अज्ञानियों के लिए दुर्लभ है। बुद्धिमान लोग ब्रह्म को अपने सहज गुण व स्वभाव से जानकर सभी शोक व रोग से ऊपर उठ जाते हैं।

केनेषितं पततति प्रेषितं मनः केन प्राणः प्रथमः प्रैति युक्तः ।
केनेषितां वाचमिमां वदन्ति चक्षुः श्रोत्रं क उ देवो युनक्ति ॥ 1 ॥

At Whose behest does the mind think? Who bids the body live? Who makes the tongue speak? Who is that Effulgent Being that directs the eyes to form and colour and the ears to sound? *(Kena Up. 1 : 1)*

किसकी मूलशक्ति से मस्तिष्क सोचता है? किसकी प्रक्रिया से शरीर जीवित रहता है? कौन वाक्‌शक्ति देता है? कौनसी है वह देदीप्यमान शक्ति, जो नयनों में दृष्टि और कानों में सुनने की कला पैदा करती है?

श्रोत्रस्य श्रोत्रं मनसो मनो यद् वाचो ह वाचं स उ प्राणस्य प्राणः।
चक्षुषश्चक्षुरतिमुच्य धीराः प्रेत्यास्माल्लोकादमृता भवन्ति ॥ 2 ॥

The Self (Atman) is ear of the ear, mind of the mind, speech of the speech. He is also breath of the breath, and eye of the eye. Having given up the false identification of the Self with the senses and the mind, and knowing the Self to be Brahman, the wise, on departing from this life, becomes immortal. *(Kena Up. 1 : 2)*

वस्तुतः आत्मन् ही कानों का कान, मस्तिष्कों का मस्तिष्क और आवाज की आवाज है। उसी शक्ति को पहचानने और जानने के बाद बुद्धिमान योगीजन इस जीवन की समाप्ति पर मुक्ति को प्राप्त करते हैं।

बृहच्च तद्दिव्यमचिन्त्यरूपं सूक्ष्माच्च तत्सूक्ष्मतरं विभाति।
दूरात्सुदूरे तदिहान्तिके च पश्यत्स्विहैव निहितं गुहायाम् ॥ 7 ॥

Brahman shines forth, vast, self-luminous, inconceivable, subtler than subtle. He is far beyond what is far, and yet here very near at hand. Verily, He is seen here, dwelling in the cave of the heart of conscious beings. *(Mundaka Up. 3 : 1.7)*

ब्रह्म सबसे सूक्ष्म और सभी का प्रकाशक है, इन्द्रियों से इसका चिन्तन नहीं हो सकता। वह दूर से भी बहुत दूर और सर्वत्र है। वह ब्रह्म ध्यान करने वालों के अन्तःकरण में प्रत्यक्ष प्रकाशित होता है।

इन्द्रियेभ्यः परा ह्यर्था अर्थेभ्यश्च परं मनः ।
मनसस्तु परा बुद्धिर्बुद्धेरात्मा महान्परः ॥ 10 ॥
महतः परमव्यक्तमव्यक्तात्पुरुषः परः ।
पुरुषान्न परं किंचित्सा काष्ठा सा परा गतिः ॥ 11 ॥

Beyond the senses is the mind, beyond the mind is the intellect, higher than the intellect is the Great Self (Atman, the totality of all minds), higher than the Great Self is the Unmanifest. Beyond the Unmanifest is the Person, all pervading and imperceptible. *(Katha 3 : 10-11)*

इन्द्रियों से अधिक महत्वपूर्ण सूक्ष्म मस्तिष्क है। मस्तिष्क से अधिक निश्चयात्मक बुद्धि और बुद्धि से अधिक महान् आत्मा है। अव्यक्त प्रकृति से अधिक, अत्यन्त सूक्ष्म परमात्मा है। अतः वही आधारों का आधार होने के कारण इन्द्रियों की शक्ति अन्तःकरण की ओर झुका के देखने योग्य है।

यत्तदद्रेश्यमग्राह्यमगोत्रमवर्णम् अचक्षुःश्रोत्रं तदपाणिपादम्।
नित्यं विभुं सर्वगतं सुसूक्ष्मं तदव्ययं
यद्भूतयोनिं परिपश्यन्ति धीराः ॥ 6 ॥

The eye cannot see it; the mind cannot grasp it. The deathless Self has neither caste nor race, neither eyes nor ears nor hands nor feet. Sages say this Self is infinite in the great and in the small, everlasting and changeless, the source of life. *(Mundaka Up. 1 : 6)*

ब्रह्म को आँखों से न देखा जा सकता है, न ही मस्तिष्क उसे ग्रहण कर सकने में सक्षम है। उस अमर, अजर प्रभु की न कोई जाति है न बिरादरी। न तो उसके आँख, कान या हाथ हैं न ही पैर। सन्तों का अनुभव है कि उस सर्वोच्च सत्ता का अस्तित्व कभी नहीं मिटता। उसे या उसके विधान को बदला नहीं जा सकता। वह प्रत्यक्ष, परोक्ष, बड़ा-छोटा सभी कुछ है। वही जीवन का स्रोत है।

एको देवः सर्वभूतेषु गूढः सर्वव्यापी सर्वभूतान्तरात्मा।
कर्माध्यक्षः सर्वभूताधिवासः साक्षी चेता केवलो निर्गुणश्च ॥ 11 ॥

He is the one God, hidden in all beings, all pervading, the Self within all beings, watching over all works, dwelling in all beings, the witness, the perceiver, the only one, free from qualities. *(Svestasvetara 6.11)*

ईश्वर एक है। वह सभी प्राणियों में, सब वस्तुओं के सभी अंशों में विराजमान है। वह सबमें रहकर सब कुछ देखता है। सभी कार्यों का साक्षी है। जो जीव सदा उसकी शरण लेता है, वही कृतार्थ हो जाता है।

न चक्षुषा गृह्यते नापि वाचा नान्यैर्देवैस्तपसा कर्मणा वा।
ज्ञानप्रसादेन विशुद्धसत्त्वस् ततस्तु
तं पश्यते निष्कलं ध्यायमानः ॥ 8 ॥

Eyes cannot see Him, nor words reveal Him; by the senses, austerity, or works He is not known. When the mind is cleansed by the grace of wisdom, He is seen by contemplation—the one without parts. *(Mundaka 3 : 1.8)*

परमेश्वर को आँख देख नहीं सकती, शब्द उसे व्यक्त नहीं कर सकते। विषयों का ज्ञान कराने वाली इन्द्रियाँ उसे जान नहीं सकतीं परन्तु अन्तःकरण की शुद्धि से निर्मल हुई पवित्र बुद्धि द्वारा ध्यान में तत्पर योगी उसको साक्षात् जान लेता है।

यदा पञ्चावतिष्ठन्ते ज्ञानानि मनसा सह।
बुद्धिश्च न विचेष्टति तामाहुः परमां गतिम् ॥ 10 ॥
तां योगमिति मन्यन्ते स्थिरामिन्द्रियधारणाम्।
अप्रमत्तस्तदा भवति योगो हि प्रभवाप्ययौ ॥ 11 ॥

When the five senses and the mind are still, and the reasoning intellect rests in silence, then begins the highest path. This calm steadiness of the senses is called yoga. Then one should become watchful, because yoga comes and goes. *(Katha 6 : 10-11)*

जब पाँचों ज्ञानेन्द्रियाँ तथा मस्तिष्क शांत होते हैं, जब सतोगुण में रंगी हुई बुद्धि विश्राम करती है, तो ऐसी अवस्था को परम गति (सर्वोत्तम अवस्था) कहा जाता है। योग की प्रवृत्ति में नवीन शुद्ध संस्कारों का जन्म और दुष्ट संस्कारों का नाश हो जाता है। व्यक्ति को सावधानी बरतनी चाहिए। योग अवस्था आती-जाती रहती है।

कामान्यः कामयते मन्यमानः स कामभिर्जायते तत्र तत्र ।
पर्याप्तकामस्य कृतात्मनस्तु इहैव सर्वे प्रविलीयन्ति कामाः ॥ 2 ॥

Those who dwell on and long for sense pleasure are born in a world of separateness. But let them realize they are the Self and all separateness will fade away. *(Mundaka 3 : 2.2)*

जब तक मानव की भोग अवस्था जगी हुई है तब तक आत्म ज्ञान के लिए किया हुआ उपाय सफल नहीं होता। इसलिए सबसे पहले भोग वासना का त्याग करना चाहिए।

द्वा सुपर्णा सयुजा सखाया समानं वृक्षं परिषस्वजाते।
तयोरन्यः पिप्पलं स्वादु अत्ति अनश्नन्नन्यो अभि चाकशीति ॥ 1 ॥
समाने वृक्षे पुरुषे निमग्नो अनीशया शोचति मुह्यमानः।
जुष्टं यदा पश्यति अन्यमीषम् अस्य महिमानमिति वीतशोकः ॥ 2 ॥

Like two golden birds perched on the same tree, close friends, the ego and the Self dwell in the same body. The former eats the sweet and sour fruits of the tree of life while the latter looks on in detachment. As long as we think we are the ego, we feel attached and fall into sorrow. *(Mundaka 3 : 1. 1-2)*

जीवात्मा और परमात्मा—दो अच्छे पंख वाले पक्षी संसार रूपी वृक्ष पर ही रहते हैं। अहम् और आत्मन् एक ही शरीर में विद्यमान दो पक्षी हैं। जबकि पूर्व अहम् जीवन का आनन्द लेते हुए खट्टे-मीठे फलों का सेवन करता है, आत्मन् विमुख बैठा देखता है। जब तक हम स्वयं को अहम् मानेंगे, सांसारिक मोह में लिप्त रहेंगे, तब तक गिर कर दुःख भोगेंगे।

यदा पश्यः पश्यते रुक्मवर्णं कर्तारमीशं पुरुषं ब्रह्मयोनिम्।
तदा विद्वान्पुण्यपापे विधूय निरञ्जनः परमं साम्यमुपैति ॥ 3 ॥

Realize that you are the Self, the Lord of Life, and you will be freed from sorrow. When you realize you are the Self, the supreme source of life, the supreme source of joy, you transcend to a state in which you are in union with God. *(Mundaka 3 : 1. 3)*

स्वयं को आत्मन् अपने जीवन का स्वामी माने। आप दुःखों से मुक्ति पा जाएंगे। जब आप स्वयं को आत्मन्, जीवन व आनन्द का स्रोत मानते हैं, आप आनन्द की चरम सीमा प्राप्त करते हैं तथा जीवन की विलक्षणता को छोड़ उस परमात्मा को प्राप्त करते हैं।

एको वशी सर्वभूतान्तरात्मा, एकं रूपं बहुधा यः करोति।
तमात्मस्थं येऽनुपश्यन्ति धीरास्तेषां सुखं शाश्वतन्नेतरेषाम् ॥

Brahman is one. He controls the destinies and moulds the universe. Those who dedicate their lives to Him, see Him and enjoy long-lasting bliss. *(Isho Up. 1.: 1)*

ईश्वर एक, सब को वश में रखने वाला, सर्वव्यापक, एक रूप वाली प्रकृति को अनेक प्रकार का बना देने वाला है, उसका जो धीर पुरुष आत्मस्थ होकर साक्षात्कार करते हैं, उन्हीं को चिरस्थायी सुख प्राप्त होता है, अन्यों को नहीं। यही धनात्मक आनन्द है, जो सगुणोपासना से प्राप्त हुआ करता है।

भिद्यते हृदयग्रन्थिश्छिद्यन्ते सर्वसंशयाः ।
क्षीयन्ते चास्य कर्माणि तस्मिन्दृष्टे परावरे ॥ 9 ॥

Merely remembering Him drives out all confusion.
Doubts are cleared and desire weakens. *(Mundaka Up. 2 : 9)*

उस सूक्ष्म और महान् के देख या जान लेने पर हृदय की गांठ खुल जाती है, समस्त संशय नष्ट हो जाते हैं और बुरे विचार क्षीण हो जाते हैं।

यथोर्णनाभिः सृजते गृह्णते च यथा पृथिव्यामोषधयः सम्भवन्ति।
यथा सतः पुरुषात्केशलोमानि तथाऽक्षरात्सम्भवतीह विश्वम् ॥ 8 ॥

A spider weaves a web and rules it. As medicinal plants grow on earth; as man and all creatures procreate, similarly He creates this universe. *(Mundaka Up. 1:8)*

जैसे मकड़ी जाल बुनती है और अपने भीतर समेट लेती है। जैसे पृथ्वी पर औषधियां उत्पन्न होती हैं, जैसे पुरुष-जीव के विद्यमान होने से केश और लोम, वैसे ही उस अविनश्वर पुरुष-ब्रह्म से यह ब्रह्माण्ड उत्पन्न होता है।

तदेते श्लोका भवन्ति।
स्वप्नेन शारीरमभिप्रहत्यासुप्तः सुप्तानभिचाकशीति।
शुक्रमादाय पुनरैति स्थानँ हिरण्मयः पुरुष एकहँसः ॥ 11 ॥

While one is in the state of dream, the Self within makes the body sleep, though He Himself is forever awake and watches the impressions of deeds that have been left upon the mind. Thereafter, the Self causes the body to awaken. *(Brihad Up. 4 : 3.11)*

स्वप्न की स्थिति में जीवात्मा शरीर और इन्द्रियों को स्थूल बना देती है परन्तु स्वयं जागते हुए अन्तःकरण की वृत्ति के सब पदार्थों को देखती है।

प्राणेन रक्षन्नवरं कुलायं बहिष्कुलायादमृतश्चरित्वा ।
स ईयतेऽमृतो यत्रकामँ हिरण्मयः पुरुष एकहँसः ॥ 12 ॥

While one is in the state of dream, the Self within, keeps alive the house of flesh with the help of the vital force, but at the same time walks out of this house. The eternal goes wherever He desires. *(Brihad Up. 4 : 3.12)*

स्वप्न की स्थिति में जीवात्मा मस्तिष्क में संजोई हुई कर्म योजना और इन्द्रियों के तेज को लिए हुए स्वप्न स्थान से बाहर आती है जबकि दिव्यज्योति मन चाहे स्थान पर भ्रमण करती है।

वायुरनिलममृतमथेदं भस्मान्तं शरीरम्।
ओइम् क्रतो स्मर क्लिबे स्मर कृतं स्मर ॥ 16 ॥

The soul that enters the body is immortal. The body is formed by earth only. Hence, O' man remember Him at the end of your life. Remember Him to overcome your weaknesses and remember your deeds. *(Isho Up. 1:16)*

शरीर में आने-जाने वाला जीव अमर है परन्तु यह शरीर केवल भस्म पर्यन्त है, इसलिए अन्त समय में हे जीव ओइम का स्मरण कर, निर्बलता दूर करने के लिए स्मरण कर और अपने किये हुए का स्मरण कर।

नाऽयमात्मा प्रवचनेन लभ्यो न मेधया न बहुना श्रुतेन।
यमेवैष वृणुते तेन लभ्यस्तस्यैष आत्मा विवृणुते तनूं स्वाम् ॥ 14 ॥

One cannot reach Him through scriptures, nor intellect. He chooses those who deserve to be with Him and enlightens them. *(Katha Up.)*

यह परमेश्वर शास्त्रों के पढ़ने से नहीं प्राप्त होता, न बुद्धि से, न सुनने से प्राप्त होता है। जिसको वह स्वीकार कर लेता है, जो प्राप्त होने योग्य है उसे वह चुन लेता है। परमेश्वर अपने स्वरूप को उस व्यक्ति पर प्रकाशित करता है।

यच्चक्षुषा न पश्यति येन चक्षूँषि पश्यन्ति।
तदेव ब्रह्म त्वं विद्धि, नेदं यदिदमुपासते ॥ 5 ॥

Recognize Brahman. He who cannot be seen by the eye, but who bestows on the eye the power to see. That which can be seen by the eye, is not Brahman. *(Keno Up. 1:5)*

जो आँख से नहीं देखा जाता, जिससे आँख देखती है उसी को तू ब्रह्म जान, जिस का आँख से सेवन किया जाता है वह ब्रह्म नहीं है।

तदेष श्लोको भवति तदेव सक्तः सह कर्मणैति लिङ्गं
मनो यत्र निषक्तमस्य।
प्राप्यान्तं कर्मणस्तस्य यत्किंचेह करोत्ययम्।
तस्माल्लोकात्पुनरैत्यस्मै लोकाय कर्मणे ॥ इति नु कामयमानः।
अथाकामयमानो योऽकामो निष्काम आप्तकाम आत्मकामो
न तस्य प्राणा उत्क्रामन्ति। ब्रह्मैव सन्ब्रह्माप्येति ॥ 6 ॥

तदेष श्लोको भवति यदा सर्वे प्रमुच्यन्ते
कामा येऽस्य हृदि श्रिताः।
अथ मर्त्योऽमृतो भवत्यत्र ब्रह्म समश्नुत इति ॥
तद्यथाहिनिर्ल्वयनी वल्मीके मृता प्रत्यस्ता शयीत।
एवमेवेदँ शरीरँ शेते।
अथायमशरीरोऽमृतः प्राणो ब्रह्मैव तेज एव।
सोऽहं भगवते सहस्रं ददामीति होवाच जनको वैदेहः ॥ 7 ॥

We live in accordance with our deep driving desire. It is this desire at the time of death that determines what our next life is to be. We will come back to earth to work out the satisfaction of that desire. People free from desires are those who have found fulfillment in the Self. They do not die like the others; but realizing Brahman, they merge in Brahman. So it is said, 'When all the desires that surge in the heart are renounced, the mortal becomes immortal. When all the knots that strangle the heart are loosened, the mortal becomes immortal, here in this very life.' *(Brihad Up. 4:4.6-7)*

हम अपनी उत्कृष्ट अभिलाषाओं को लेकर जीते हैं। मृत्यु के समय की कामनाएं यह निर्णय करती हैं कि हमें कौनसी योनि प्राप्त होगी। आसक्ति को संजोने वाला प्राणी संसार को बारंबार प्राप्त होता है। जिस व्यक्ति में संसार की किसी वस्तु की व वासना की इच्छा नहीं होती वह ब्रह्म को प्राप्त हो जाता है। अतः कहा गया है कि हृदय की कामनाएं निकल जाएं तो नश्वर व्यक्ति इसी जीवन में अमर हो जाता है। *(बृहद उप 4:4.6-7)*

List of photographs

Cover: Sunset at Chakrata, Uttaranchal